Animales
acorazados

El cangrejo
de río

Lola M. Schaefer

Traducción de Patricia Cano

Heinemann Library
Chicago, Illinois

Customer Service 888-454-2279
Visit our website at www.heinemannlibrary.com

Designed by Sue Emerson, Heinemann Library
Printed and bound in the U.S.A. by Lake Book

06 05 04 03 02
10 9 8 7 6 5 4 3 2 1

Library of Congress Cataloging-in-Publication Data
Schaefer, Lola M., 1950-
  [Crayfish. Spanish]
  El cangrejo de rio / Lola M. Schaefer
      p. cm. — (Animales acorazados)
Includes index.
Summary: Introduction to the physical characteristics, behavior, and habitat of crayfish.
  ISBN: 1-58810-772-8 (HC), 1-58810-816-3 (Pbk)
  1. Crayfish—Juvenile literature. [1. Crayfish. 2. Spanish lauguage materials.]
  I. Title. II. Series:Schaefer, Lola M., 1950-. Musty-crusty animals. Spanish.
  QL444.M33S351518 2002
  595. 3'84—dc21

                         2001051495

Acknowledgments
The author and publishers are grateful to the following for permission to reproduce copyright material:
Title page, pp. 5, 22 H. W. Robinson/Visuals Unlimited; pp. 4, 8, 16 E. R. Degginger/Color Pic, Inc.; pp. 6, 10, 14L Gary Meszaros/Bruce Coleman Inc.; p. 7 Gary R. Zahm/Bruce Coleman Inc.; p. 9 Phil Degginger/Bruce Coleman Inc.; p. 11 A. Blank/Bruce Coleman Inc.; p. 12 Mike Couffer/Bruce Coleman Inc.; p. 13 C. C. Lockwood/Bruce Coleman Inc.; p 14R Bill Beatty/Visuals Unlimited; p. 15 R. Brown/Animals Animals; pp. 17, 19 Dwight Kuhn; p. 18 Daniel W. Gotshall/Visuals Unlimited; p. 20 Philip Gould/Corbis; p. 21 D. Lyons/Bruce Coleman Inc.

Cover photograph courtesy of E. R. Degginger/Color Pic, Inc.

Every effort has been made to contact copyright holders of any material reproduced in this book. Any omissions will be rectified in subsequent printings if notice is given to the publisher.

Special thanks to our bilingual advisory panel for their help in the preparation of this book:
Aurora García
Literacy Specialist
Northside Independent School District
San Antonio, TX

Argentina Palacios
Docent
Bronx Zoo
New York, NY

Ursula Sexton
Researcher, WestEd
San Ramon, CA

Laura Tapia
Reading Specialist
Emiliano Zapata Academy
Chicago, IL

Special thanks to Dr. Randy Kochevar of the Monterey Bay Aquarium for his help in the preparation of this book.

Unas palabras están en negrita, **así.**
Las encontrarás en el glosario en fotos de la página 23.

Contenido

¿Qué es el cangrejo de río?

El cangrejo de río es un animal pequeño sin huesos.

Es un **invertebrado**.

pinza

pata articulada

El cangrejo de río tiene **patas articuladas**.

Las patas le sirven para caminar y para agarrar el alimento.

5

¿Dónde vive el cangrejo de río?

Unos cangrejos de río viven en ríos o arroyos.

Otros viven en lagos o charcas.

Unos cangrejos de río viven en
la tierra.

Hacen una casa en el barro blando.

¿Cómo es el cangrejo de río?

pedúnculo con ojo

El cangrejo de río parece un insecto grande.

Tiene dos **pedúnculos con ojos.**

antenas

El cangrejo de río tiene **antenas**
largas para tocar, oler y probar.

Puede ser de color café o rosado
o blanco o de otros colores.

¿Tiene concha el cangrejo de río?

A la parte de afuera del cangrejo de río la llamamos "concha".

Pero en realidad es un caparazón, o **exoesqueleto**.

caparazón viejo

Cuando el cangrejo de río crece, el caparazón le queda pequeño.

El cangrejo de río deja ese caparazón y le crece otro.

¿Cómo es la textura del cangrejo de río?

El caparazón del cangrejo de río es duro y nudoso.

Las **pinzas** del cangrejo de río
son puntiagudas.

¿De qué tamaño es el cangrejo de río?

Las crías del cangrejo de río son del tamaño de una tachuela.

La mayoría de los cangrejos de río caben en una mano.

14

Algunos cangrejos de río pueden ser tan grandes como un gato.

¿Cómo se mueve el cangrejo de río?

El cangrejo de río camina por el suelo.

Las patas se mueven hacia adelante, hacia atrás y hacia los lados.

El cangrejo de río camina en lagos y ríos.

Camina por el fondo o por los lados.

¿Qué come el cangrejo de río?

El cangrejo de río come gusanos, peces, caracoles e insectos.

También come plantas acuáticas.

En el agua, el cangrejo de río come plantas y animales muertos.

Las **pinzas** agarran, rasgan y cortan el alimento.

¿Cómo se reproduce el cangrejo de río?

huevos

El cangrejo de río pone huevos negros pequeñitos en su cuerpo.

El cangrejo se queda en el agua con los huevos.

De los huevos salen crías.

Las crías se llaman **nauplio.**

Prueba

¿Qué son estas partes?

Búscalas en el libro.

Busca las respuestas en la página 24.

? ? ? ?

Glosario en fotos

 **antena**
página 9

 **nauplio**
página 21

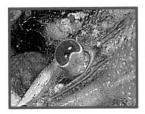 **pinza**
páginas
5, 13, 19

 **invertebrado**
página 4

 **pedúnculo
con ojo**
página 8

 **patas
articuladas**
página 5

 **exoesqueleto**
página 10

Nota a padres y maestros

Leer para buscar información es un aspecto importante del desarrollo de la lectoescritura. El aprendizaje empieza con una pregunta. Si usted alienta las preguntas de los niños sobre el mundo que los rodea, los ayudará a verse como investigadores. Cada capítulo de este libro empieza con una pregunta. Lean la pregunta juntos, miren las fotos y traten de contestar la pregunta. Después, lean y comprueben si sus predicciones son correctas. Piensen en otras preguntas sobre el tema y comenten dónde pueden buscar la respuesta.

 PRECAUCIÓN: Recuérdeles a los niños que no deben tocar animales silvestres. Los niños deben lavarse las manos con agua y jabón después de tocar cualquier animal.

Índice

Respuestas de la página 22

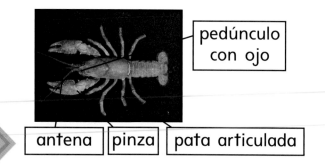

pedúnculo con ojo

antena | pinza | pata articulada